CE LIVRE APPARTIENT

_____

_____

_____

	DATE

SITUATION #1

START	FIN
PEUR	○○○○○○○○○
SYMPTÔMES	
	○○○○○
	○○○○○
	○○○○○
PREMIER SIGNE:	
OÙ ?	
QUI ?	
QUOI ?	
PENSÉES:	

SITUATION #2

START	FIN
PEUR	○○○○○○○○○
SYMPTÔMES	
	○○○○○
	○○○○○
	○○○○○
PREMIER SIGNE:	
OÙ ?	
QUI ?	
QUOI ?	
PENSÉES:	

SITUATION #3

START	FIN
PEUR	○○○○○○○○○○
SYMPTÔMES	
	○○○○○
	○○○○○
	○○○○○

PREMIER SIGNE:

OÙ ?

QUI ?

QUOI ?

PENSÉES:

SITUATION #4

START	FIN
PEUR	○○○○○○○○○○
SYMPTÔMES	
	○○○○○
	○○○○○
	○○○○○

PREMIER SIGNE:

OÙ ?

QUI ?

QUOI ?

PENSÉES:

	DATE

SITUATION #1

START	FIN
PEUR	○○○○○○○○○○
SYMPTÔMES	
	○○○○○
	○○○○○
	○○○○○
PREMIER SIGNE:	
OÙ ?	
QUI ?	
QUOI ?	
PENSÉES:	

SITUATION #2

START	FIN
PEUR	○○○○○○○○○○
SYMPTÔMES	
	○○○○○
	○○○○○
	○○○○○
PREMIER SIGNE:	
OÙ ?	
QUI ?	
QUOI ?	
PENSÉES:	

SITUATION #3

START	FIN
PEUR	○○○○○○○○○○
SYMPTÔMES	
	○○○○○
	○○○○○
	○○○○○
PREMIER SIGNE :	
OÙ ?	
QUI ?	
QUOI ?	
PENSÉES :	

SITUATION #4

START	FIN
PEUR	○○○○○○○○○○
SYMPTÔMES	
	○○○○○
	○○○○○
	○○○○○
PREMIER SIGNE :	
OÙ ?	
QUI ?	
QUOI ?	
PENSÉES :	

DATE

SITUATION #1

START	FIN
PEUR	○○○○○○○○○○
SYMPTÔMES	
	○○○○○
	○○○○○
	○○○○○

PREMIER SIGNE:

OÙ ?

QUI ?

QUOI ?

PENSÉES:

SITUATION #2

START	FIN
PEUR	○○○○○○○○○○
SYMPTÔMES	
	○○○○○
	○○○○○
	○○○○○

PREMIER SIGNE:

OÙ ?

QUI ?

QUOI ?

PENSÉES:

SITUATION #3

START	FIN
PEUR	○○○○○○○○○○
SYMPTÔMES	
	○○○○○
	○○○○○
	○○○○○

PREMIER SIGNE:

OÙ ?

QUI ?

QUOI ?

PENSÉES:

SITUATION #4

START	FIN
PEUR	○○○○○○○○○○
SYMPTÔMES	
	○○○○○
	○○○○○
	○○○○○

PREMIER SIGNE:

OÙ ?

QUI ?

QUOI ?

PENSÉES:

	DATE	

SITUATION #1

START	FIN
PEUR	○○○○○○○○○○
SYMPTÔMES	
	○○○○○
	○○○○○
	○○○○○
PREMIER SIGNE:	
OÙ ?	
QUI ?	
QUOI ?	
PENSÉES:	

SITUATION #2

START	FIN
PEUR	○○○○○○○○○○
SYMPTÔMES	
	○○○○○
	○○○○○
	○○○○○
PREMIER SIGNE:	
OÙ ?	
QUI ?	
QUOI ?	
PENSÉES:	

SITUATION #3

START	FIN
PEUR	○○○○○○○○○○

SYMPTÔMES

○○○○○

○○○○○

○○○○○

PREMIER SIGNE:

OÙ ?

QUI ?

QUOI ?

PENSÉES:

SITUATION #4

START	FIN
PEUR	○○○○○○○○○○

SYMPTÔMES

○○○○○

○○○○○

○○○○○

PREMIER SIGNE:

OÙ ?

QUI ?

QUOI ?

PENSÉES:

	DATE

SITUATION #1

START	FIN
PEUR	○○○○○○○○○○
SYMPTÔMES	
	○○○○○
	○○○○○
	○○○○○
PREMIER SIGNE:	
OÙ ?	
QUI ?	
QUOI ?	
PENSÉES:	

SITUATION #2

START	FIN
PEUR	○○○○○○○○○○
SYMPTÔMES	
	○○○○○
	○○○○○
	○○○○○
PREMIER SIGNE:	
OÙ ?	
QUI ?	
QUOI ?	
PENSÉES:	

SITUATION #3

START	FIN

PEUR ○○○○○○○○○○

SYMPTÔMES

○○○○○

○○○○○

○○○○○

PREMIER SIGNE:

OÙ ?

QUI ?

QUOI ?

PENSÉES:

SITUATION #4

START	FIN

PEUR ○○○○○○○○○○

SYMPTÔMES

○○○○○

○○○○○

○○○○○

PREMIER SIGNE:

OÙ ?

QUI ?

QUOI ?

PENSÉES:

	DATE	

SITUATION #1

START	FIN
PEUR	○○○○○○○○○○
SYMPTÔMES	
	○○○○○
	○○○○○
	○○○○○
PREMIER SIGNE:	
OÙ ?	
QUI ?	
QUOI ?	
PENSÉES:	

SITUATION #2

START	FIN
PEUR	○○○○○○○○○○
SYMPTÔMES	
	○○○○○
	○○○○○
	○○○○○
PREMIER SIGNE:	
OÙ ?	
QUI ?	
QUOI ?	
PENSÉES:	

SITUATION #3

START	FIN

PEUR ○○○○○○○○○○

SYMPTÔMES

○○○○○

○○○○○

○○○○○

PREMIER SIGNE:

OÙ ?

QUI ?

QUOI ?

PENSÉES:

SITUATION #4

START	FIN

PEUR ○○○○○○○○○○

SYMPTÔMES

○○○○○

○○○○○

○○○○○

PREMIER SIGNE:

OÙ ?

QUI ?

QUOI ?

PENSÉES:

DATE

SITUATION #1

START	FIN
PEUR	○○○○○○○○○○
SYMPTÔMES	
	○○○○○
	○○○○○
	○○○○○
PREMIER SIGNE:	
OÙ ?	
QUI ?	
QUOI ?	
PENSÉES:	

SITUATION #2

START	FIN
PEUR	○○○○○○○○○○
SYMPTÔMES	
	○○○○○
	○○○○○
	○○○○○
PREMIER SIGNE:	
OÙ ?	
QUI ?	
QUOI ?	
PENSÉES:	

SITUATION #3

START	FIN

PEUR ○○○○○○○○○○

SYMPTÔMES

○○○○○

○○○○○

○○○○○

PREMIER SIGNE:

OÙ ?

QUI ?

QUOI ?

PENSÉES:

SITUATION #4

START	FIN

PEUR ○○○○○○○○○○

SYMPTÔMES

○○○○○

○○○○○

○○○○○

PREMIER SIGNE:

OÙ ?

QUI ?

QUOI ?

PENSÉES:

	DATE	

SITUATION #1

START	FIN
PEUR	○○○○○○○○○○
SYMPTÔMES	
	○○○○○
	○○○○○
	○○○○○
PREMIER SIGNE:	
OÙ ?	
QUI ?	
QUOI ?	
PENSÉES:	

SITUATION #2

START	FIN
PEUR	○○○○○○○○○○
SYMPTÔMES	
	○○○○○
	○○○○○
	○○○○○
PREMIER SIGNE:	
OÙ ?	
QUI ?	
QUOI ?	
PENSÉES:	

SITUATION #3

START	FIN
PEUR	○○○○○○○○○○
SYMPTÔMES	
	○○○○○
	○○○○○
	○○○○○
PREMIER SIGNE :	
OÙ ?	
QUI ?	
QUOI ?	
PENSÉES :	

SITUATION #4

START	FIN
PEUR	○○○○○○○○○○
SYMPTÔMES	
	○○○○○
	○○○○○
	○○○○○
PREMIER SIGNE :	
OÙ ?	
QUI ?	
QUOI ?	
PENSÉES :	

	DATE

SITUATION #1

START	FIN
PEUR	○○○○○○○○○○
SYMPTÔMES	
	○○○○○
	○○○○○
	○○○○○
PREMIER SIGNE:	
OÙ ?	
QUI ?	
QUOI ?	
PENSÉES:	

SITUATION #2

START	FIN
PEUR	○○○○○○○○○○
SYMPTÔMES	
	○○○○○
	○○○○○
	○○○○○
PREMIER SIGNE:	
OÙ ?	
QUI ?	
QUOI ?	
PENSÉES:	

SITUATION #3

START	FIN
PEUR	○○○○○○○○○○
SYMPTÔMES	
	○○○○○
	○○○○○
	○○○○○

PREMIER SIGNE:

OÙ ?

QUI ?

QUOI ?

PENSÉES:

SITUATION #4

START	FIN
PEUR	○○○○○○○○○○
SYMPTÔMES	
	○○○○○
	○○○○○
	○○○○○

PREMIER SIGNE:

OÙ ?

QUI ?

QUOI ?

PENSÉES:

	DATE

SITUATION #1

START	FIN
PEUR	○○○○○○○○○○
SYMPTÔMES	
	○○○○○
	○○○○○
	○○○○○
PREMIER SIGNE:	
OÙ ?	
QUI ?	
QUOI ?	
PENSÉES:	

SITUATION #2

START	FIN
PEUR	○○○○○○○○○○
SYMPTÔMES	
	○○○○○
	○○○○○
	○○○○○
PREMIER SIGNE:	
OÙ ?	
QUI ?	
QUOI ?	
PENSÉES:	

SITUATION #3

START	FIN
PEUR	○○○○○○○○○○
SYMPTÔMES	
	○○○○○
	○○○○○
	○○○○○
PREMIER SIGNE:	
OÙ ?	
QUI ?	
QUOI ?	
PENSÉES:	

SITUATION #4

START	FIN
PEUR	○○○○○○○○○○
SYMPTÔMES	
	○○○○○
	○○○○○
	○○○○○
PREMIER SIGNE:	
OÙ ?	
QUI ?	
QUOI ?	
PENSÉES:	

	DATE	

SITUATION #1

START	FIN
PEUR	○○○○○○○○○○
SYMPTÔMES	
	○○○○○
	○○○○○
	○○○○○
PREMIER SIGNE :	
OÙ ?	
QUI ?	
QUOI ?	
PENSÉES :	

SITUATION #2

START	FIN
PEUR	○○○○○○○○○○
SYMPTÔMES	
	○○○○○
	○○○○○
	○○○○○
PREMIER SIGNE :	
OÙ ?	
QUI ?	
QUOI ?	
PENSÉES :	

SITUATION #3

START	FIN

PEUR ○○○○○○○○○○

SYMPTÔMES

○○○○○

○○○○○

○○○○○

PREMIER SIGNE:

OÙ ?

QUI ?

QUOI ?

PENSÉES:

SITUATION #4

START	FIN

PEUR ○○○○○○○○○○

SYMPTÔMES

○○○○○

○○○○○

○○○○○

PREMIER SIGNE:

OÙ ?

QUI ?

QUOI ?

PENSÉES:

	DATE

SITUATION #1

START	FIN
PEUR	○○○○○○○○○○
SYMPTÔMES	
	○○○○○
	○○○○○
	○○○○○
PREMIER SIGNE:	
OÙ ?	
QUI ?	
QUOI ?	
PENSÉES:	

SITUATION #2

START	FIN
PEUR	○○○○○○○○○○
SYMPTÔMES	
	○○○○○
	○○○○○
	○○○○○
PREMIER SIGNE:	
OÙ ?	
QUI ?	
QUOI ?	
PENSÉES:	

SITUATION #3

START	FIN
PEUR	○○○○○○○○○○

SYMPTÔMES

○○○○○

○○○○○

○○○○○

PREMIER SIGNE:

OÙ ?

QUI ?

QUOI ?

PENSÉES:

SITUATION #4

START	FIN
PEUR	○○○○○○○○○○

SYMPTÔMES

○○○○○

○○○○○

○○○○○

PREMIER SIGNE:

OÙ ?

QUI ?

QUOI ?

PENSÉES:

DATE

SITUATION #1

START	FIN
PEUR	○○○○○○○○○○

SYMPTÔMES

	○○○○○
	○○○○○
	○○○○○

PREMIER SIGNE:

OÙ ?

QUI ?

QUOI ?

PENSÉES:

SITUATION #2

START	FIN
PEUR	○○○○○○○○○○

SYMPTÔMES

	○○○○○
	○○○○○
	○○○○○

PREMIER SIGNE:

OÙ ?

QUI ?

QUOI ?

PENSÉES:

SITUATION #3

START	FIN
PEUR	○○○○○○○○○○
SYMPTÔMES	
	○○○○○
	○○○○○
	○○○○○

PREMIER SIGNE:

OÙ ?

QUI ?

QUOI ?

PENSÉES:

SITUATION #4

START	FIN
PEUR	○○○○○○○○○○
SYMPTÔMES	
	○○○○○
	○○○○○
	○○○○○

PREMIER SIGNE:

OÙ ?

QUI ?

QUOI ?

PENSÉES:

	DATE	

SITUATION #1

START	FIN
PEUR	○○○○○○○○○○
SYMPTÔMES	
	○○○○○
	○○○○○
	○○○○○
PREMIER SIGNE:	
OÙ ?	
QUI ?	
QUOI ?	
PENSÉES:	

SITUATION #2

START	FIN
PEUR	○○○○○○○○○○
SYMPTÔMES	
	○○○○○
	○○○○○
	○○○○○
PREMIER SIGNE:	
OÙ ?	
QUI ?	
QUOI ?	
PENSÉES:	

SITUATION #3

START	FIN
PEUR	○○○○○○○○○○
SYMPTÔMES	
	○○○○○
	○○○○○
	○○○○○

PREMIER SIGNE:

OÙ ?

QUI ?

QUOI ?

PENSÉES:

SITUATION #4

START	FIN
PEUR	○○○○○○○○○○
SYMPTÔMES	
	○○○○○
	○○○○○
	○○○○○

PREMIER SIGNE:

OÙ ?

QUI ?

QUOI ?

PENSÉES:

DATE	

SITUATION #1

START	FIN
PEUR	○○○○○○○○○○
SYMPTÔMES	
	○○○○○
	○○○○○
	○○○○○
PREMIER SIGNE:	
OÙ ?	
QUI ?	
QUOI ?	
PENSÉES:	

SITUATION #2

START	FIN
PEUR	○○○○○○○○○○
SYMPTÔMES	
	○○○○○
	○○○○○
	○○○○○
PREMIER SIGNE:	
OÙ ?	
QUI ?	
QUOI ?	
PENSÉES:	

SITUATION #3

START	FIN
PEUR	○○○○○○○○○○
SYMPTÔMES	
	○○○○○
	○○○○○
	○○○○○

PREMIER SIGNE:

OÙ ?

QUI ?

QUOI ?

PENSÉES:

SITUATION #4

START	FIN
PEUR	○○○○○○○○○○
SYMPTÔMES	
	○○○○○
	○○○○○
	○○○○○

PREMIER SIGNE:

OÙ ?

QUI ?

QUOI ?

PENSÉES:

		DATE

SITUATION #1

START	FIN
PEUR	○○○○○○○○○○
SYMPTÔMES	
	○○○○○
	○○○○○
	○○○○○
PREMIER SIGNE:	
OÙ ?	
QUI ?	
QUOI ?	
PENSÉES:	

SITUATION #2

START	FIN
PEUR	○○○○○○○○○○
SYMPTÔMES	
	○○○○○
	○○○○○
	○○○○○
PREMIER SIGNE:	
OÙ ?	
QUI ?	
QUOI ?	
PENSÉES:	

SITUATION #3

START	FIN
PEUR	○○○○○○○○○○

SYMPTÔMES

	○○○○○
	○○○○○
	○○○○○

PREMIER SIGNE:

OÙ ?

QUI ?

QUOI ?

PENSÉES:

SITUATION #4

START	FIN
PEUR	○○○○○○○○○○

SYMPTÔMES

	○○○○○
	○○○○○
	○○○○○

PREMIER SIGNE:

OÙ ?

QUI ?

QUOI ?

PENSÉES:

	DATE	

SITUATION #1

START	FIN
PEUR	○○○○○○○○○○
SYMPTÔMES	
	○○○○○
	○○○○○
	○○○○○
PREMIER SIGNE:	
OÙ ?	
QUI ?	
QUOI ?	
PENSÉES:	

SITUATION #2

START	FIN
PEUR	○○○○○○○○○○
SYMPTÔMES	
	○○○○○
	○○○○○
	○○○○○
PREMIER SIGNE:	
OÙ ?	
QUI ?	
QUOI ?	
PENSÉES:	

SITUATION #3

START .... FIN ....

PEUR .... ○○○○○○○○○○

SYMPTÔMES
.... ○○○○○
.... ○○○○○
.... ○○○○○

PREMIER SIGNE: ....

OÙ ? ....

QUI ? ....

QUOI ? ....

PENSÉES:

SITUATION #4

START .... FIN ....

PEUR .... ○○○○○○○○○○

SYMPTÔMES
.... ○○○○○
.... ○○○○○
.... ○○○○○

PREMIER SIGNE: ....

OÙ ? ....

QUI ? ....

QUOI ? ....

PENSÉES:

	DATE	

SITUATION #1

START	FIN
PEUR	○○○○○○○○○○
SYMPTÔMES	
	○○○○○
	○○○○○
	○○○○○
PREMIER SIGNE:	
OÙ ?	
QUI ?	
QUOI ?	
PENSÉES:	

SITUATION #2

START	FIN
PEUR	○○○○○○○○○○
SYMPTÔMES	
	○○○○○
	○○○○○
	○○○○○
PREMIER SIGNE:	
OÙ ?	
QUI ?	
QUOI ?	
PENSÉES:	

SITUATION #3

START	FIN
PEUR	○○○○○○○○○○
SYMPTÔMES	
	○○○○○
	○○○○○
	○○○○○
PREMIER SIGNE:	
OÙ ?	
QUI ?	
QUOI ?	
PENSÉES:	

SITUATION #4

START	FIN
PEUR	○○○○○○○○○○
SYMPTÔMES	
	○○○○○
	○○○○○
	○○○○○
PREMIER SIGNE:	
OÙ ?	
QUI ?	
QUOI ?	
PENSÉES:	

	DATE	

SITUATION #1

START	FIN
PEUR	○○○○○○○○○○
SYMPTÔMES	
	○○○○○
	○○○○○
	○○○○○
PREMIER SIGNE:	
OÙ ?	
QUI ?	
QUOI ?	
PENSÉES:	

SITUATION #2

START	FIN
PEUR	○○○○○○○○○○
SYMPTÔMES	
	○○○○○
	○○○○○
	○○○○○
PREMIER SIGNE:	
OÙ ?	
QUI ?	
QUOI ?	
PENSÉES:	

SITUATION #3

START	FIN
PEUR	○○○○○○○○○○
SYMPTÔMES	
	○○○○○
	○○○○○
	○○○○○

PREMIER SIGNE:

OÙ ?

QUI ?

QUOI ?

PENSÉES:

SITUATION #4

START	FIN
PEUR	○○○○○○○○○○
SYMPTÔMES	
	○○○○○
	○○○○○
	○○○○○

PREMIER SIGNE:

OÙ ?

QUI ?

QUOI ?

PENSÉES:

DATE

SITUATION #1

START	FIN
PEUR	○○○○○○○○○○
SYMPTÔMES	
	○○○○○
	○○○○○
	○○○○○
PREMIER SIGNE:	
OÙ ?	
QUI ?	
QUOI ?	
PENSÉES:	

SITUATION #2

START	FIN
PEUR	○○○○○○○○○○
SYMPTÔMES	
	○○○○○
	○○○○○
	○○○○○
PREMIER SIGNE:	
OÙ ?	
QUI ?	
QUOI ?	
PENSÉES:	

SITUATION #3

START	FIN

PEUR ○○○○○○○○○○

SYMPTÔMES

○○○○○

○○○○○

○○○○○

PREMIER SIGNE:

OÙ ?

QUI ?

QUOI ?

PENSÉES:

SITUATION #4

START	FIN

PEUR ○○○○○○○○○○

SYMPTÔMES

○○○○○

○○○○○

○○○○○

PREMIER SIGNE:

OÙ ?

QUI ?

QUOI ?

PENSÉES:

	DATE	

SITUATION #1

START	FIN
PEUR	○○○○○○○○○○
SYMPTÔMES	
	○○○○○
	○○○○○
	○○○○○
PREMIER SIGNE:	
OÙ ?	
QUI ?	
QUOI ?	
PENSÉES:	

SITUATION #2

START	FIN
PEUR	○○○○○○○○○○
SYMPTÔMES	
	○○○○○
	○○○○○
	○○○○○
PREMIER SIGNE:	
OÙ ?	
QUI ?	
QUOI ?	
PENSÉES:	

SITUATION #3

START	FIN

PEUR ○○○○○○○○○○

SYMPTÔMES

○○○○○

○○○○○

○○○○○

PREMIER SIGNE:

OÙ ?

QUI ?

QUOI ?

PENSÉES:

SITUATION #4

START	FIN

PEUR ○○○○○○○○○○

SYMPTÔMES

○○○○○

○○○○○

○○○○○

PREMIER SIGNE:

OÙ ?

QUI ?

QUOI ?

PENSÉES:

	DATE

SITUATION #1

START	FIN
PEUR	○○○○○○○○○○
SYMPTÔMES	
	○○○○○
	○○○○○
	○○○○○
PREMIER SIGNE:	
OÙ ?	
QUI ?	
QUOI ?	
PENSÉES:	

SITUATION #2

START	FIN
PEUR	○○○○○○○○○○
SYMPTÔMES	
	○○○○○
	○○○○○
	○○○○○
PREMIER SIGNE:	
OÙ ?	
QUI ?	
QUOI ?	
PENSÉES:	

SITUATION #3

START	FIN
PEUR	○○○○○○○○○○
SYMPTÔMES	
	○○○○○
	○○○○○
	○○○○○

PREMIER SIGNE:

OÙ ?

QUI ?

QUOI ?

PENSÉES:

SITUATION #4

START	FIN
PEUR	○○○○○○○○○○
SYMPTÔMES	
	○○○○○
	○○○○○
	○○○○○

PREMIER SIGNE:

OÙ ?

QUI ?

QUOI ?

PENSÉES:

	DATE

SITUATION #1

START	FIN
PEUR	○○○○○○○○○○
SYMPTÔMES	
	○○○○○
	○○○○○
	○○○○○
PREMIER SIGNE:	
OÙ ?	
QUI ?	
QUOI ?	
PENSÉES:	

SITUATION #2

START	FIN
PEUR	○○○○○○○○○○
SYMPTÔMES	
	○○○○○
	○○○○○
	○○○○○
PREMIER SIGNE:	
OÙ ?	
QUI ?	
QUOI ?	
PENSÉES:	

SITUATION #3

START	FIN

PEUR ○○○○○○○○○○

SYMPTÔMES

○○○○○

○○○○○

○○○○○

PREMIER SIGNE:

OÙ ?

QUI ?

QUOI ?

PENSÉES:

SITUATION #4

START	FIN

PEUR ○○○○○○○○○○

SYMPTÔMES

○○○○○

○○○○○

○○○○○

PREMIER SIGNE:

OÙ ?

QUI ?

QUOI ?

PENSÉES:

DATE

SITUATION #1

| START | FIN |

PEUR ○○○○○○○○○○

SYMPTÔMES

○○○○○

○○○○○

○○○○○

PREMIER SIGNE:

OÙ ?

QUI ?

QUOI ?

PENSÉES:

SITUATION #2

| START | FIN |

PEUR ○○○○○○○○○○

SYMPTÔMES

○○○○○

○○○○○

○○○○○

PREMIER SIGNE:

OÙ ?

QUI ?

QUOI ?

PENSÉES:

SITUATION #3

START	FIN
PEUR	○○○○○○○○○○
SYMPTÔMES	
	○○○○○
	○○○○○
	○○○○○

PREMIER SIGNE:

OÙ ?

QUI ?

QUOI ?

PENSÉES:

SITUATION #4

START	FIN
PEUR	○○○○○○○○○○
SYMPTÔMES	
	○○○○○
	○○○○○
	○○○○○

PREMIER SIGNE:

OÙ ?

QUI ?

QUOI ?

PENSÉES:

DATE

SITUATION #1

START	FIN

PEUR ○○○○○○○○○○

SYMPTÔMES

○○○○○

○○○○○

○○○○○

PREMIER SIGNE:

OÙ ?

QUI ?

QUOI ?

PENSÉES:

SITUATION #2

START	FIN

PEUR ○○○○○○○○○○

SYMPTÔMES

○○○○○

○○○○○

○○○○○

PREMIER SIGNE:

OÙ ?

QUI ?

QUOI ?

PENSÉES:

SITUATION #3

START	FIN
PEUR	○○○○○○○○○○
SYMPTÔMES	
	○○○○○
	○○○○○
	○○○○○

PREMIER SIGNE:

OÙ ?

QUI ?

QUOI ?

PENSÉES:

SITUATION #4

START	FIN
PEUR	○○○○○○○○○○
SYMPTÔMES	
	○○○○○
	○○○○○
	○○○○○

PREMIER SIGNE:

OÙ ?

QUI ?

QUOI ?

PENSÉES:

	DATE	

SITUATION #1

START	FIN
PEUR	○○○○○○○○○○
SYMPTÔMES	
	○○○○○
	○○○○○
	○○○○○
PREMIER SIGNE:	
OÙ ?	
QUI ?	
QUOI ?	
PENSÉES:	

SITUATION #2

START	FIN
PEUR	○○○○○○○○○○
SYMPTÔMES	
	○○○○○
	○○○○○
	○○○○○
PREMIER SIGNE:	
OÙ ?	
QUI ?	
QUOI ?	
PENSÉES:	

SITUATION #3

START	FIN
PEUR	○○○○○○○○○○
SYMPTÔMES	
	○○○○○
	○○○○○
	○○○○○
PREMIER SIGNE:	
OÙ ?	
QUI ?	
QUOI ?	
PENSÉES:	

SITUATION #4

START	FIN
PEUR	○○○○○○○○○○
SYMPTÔMES	
	○○○○○
	○○○○○
	○○○○○
PREMIER SIGNE:	
OÙ ?	
QUI ?	
QUOI ?	
PENSÉES:	

	DATE

SITUATION #1

START	FIN
PEUR	○○○○○○○○○○
SYMPTÔMES	
	○○○○○
	○○○○○
	○○○○○
PREMIER SIGNE:	
OÙ ?	
QUI ?	
QUOI ?	
PENSÉES:	

SITUATION #2

START	FIN
PEUR	○○○○○○○○○○
SYMPTÔMES	
	○○○○○
	○○○○○
	○○○○○
PREMIER SIGNE:	
OÙ ?	
QUI ?	
QUOI ?	
PENSÉES:	

SITUATION #3

START	FIN
PEUR	○○○○○○○○○○
SYMPTÔMES	
	○○○○○
	○○○○○
	○○○○○

PREMIER SIGNE:

OÙ ?

QUI ?

QUOI ?

PENSÉES:

SITUATION #4

START	FIN
PEUR	○○○○○○○○○○
SYMPTÔMES	
	○○○○○
	○○○○○
	○○○○○

PREMIER SIGNE:

OÙ ?

QUI ?

QUOI ?

PENSÉES:

	DATE	

SITUATION #1

START	FIN
PEUR	○○○○○○○○○○
SYMPTÔMES	
	○○○○○
	○○○○○
	○○○○○
PREMIER SIGNE:	
OÙ ?	
QUI ?	
QUOI ?	
PENSÉES:	

SITUATION #2

START	FIN
PEUR	○○○○○○○○○○
SYMPTÔMES	
	○○○○○
	○○○○○
	○○○○○
PREMIER SIGNE:	
OÙ ?	
QUI ?	
QUOI ?	
PENSÉES:	

SITUATION #3

START	FIN
PEUR	○○○○○○○○○○
SYMPTÔMES	
	○○○○○
	○○○○○
	○○○○○
PREMIER SIGNE:	
OÙ ?	
QUI ?	
QUOI ?	
PENSÉES:	

SITUATION #4

START	FIN
PEUR	○○○○○○○○○○
SYMPTÔMES	
	○○○○○
	○○○○○
	○○○○○
PREMIER SIGNE:	
OÙ ?	
QUI ?	
QUOI ?	
PENSÉES:	

	DATE	

SITUATION #1

START	FIN
PEUR	○○○○○○○○○○
SYMPTÔMES	
	○○○○○
	○○○○○
	○○○○○
PREMIER SIGNE:	
OÙ ?	
QUI ?	
QUOI ?	
PENSÉES:	

SITUATION #2

START	FIN
PEUR	○○○○○○○○○○
SYMPTÔMES	
	○○○○○
	○○○○○
	○○○○○
PREMIER SIGNE:	
OÙ ?	
QUI ?	
QUOI ?	
PENSÉES:	

SITUATION #3

START	FIN
PEUR	○○○○○○○○○○
SYMPTÔMES	
	○○○○○
	○○○○○
	○○○○○

PREMIER SIGNE:

OÙ ?

QUI ?

QUOI ?

PENSÉES:

SITUATION #4

START	FIN
PEUR	○○○○○○○○○○
SYMPTÔMES	
	○○○○○
	○○○○○
	○○○○○

PREMIER SIGNE:

OÙ ?

QUI ?

QUOI ?

PENSÉES:

DATE

SITUATION #1

START	FIN
PEUR	○○○○○○○○○○
SYMPTÔMES	
	○○○○○
	○○○○○
	○○○○○

PREMIER SIGNE:

OÙ ?

QUI ?

QUOI ?

PENSÉES:

SITUATION #2

START	FIN
PEUR	○○○○○○○○○○
SYMPTÔMES	
	○○○○○
	○○○○○
	○○○○○

PREMIER SIGNE:

OÙ ?

QUI ?

QUOI ?

PENSÉES:

SITUATION #3

START	FIN

PEUR ○○○○○○○○○○

SYMPTÔMES

○○○○○

○○○○○

○○○○○

PREMIER SIGNE :

OÙ ?

QUI ?

QUOI ?

PENSÉES :

SITUATION #4

START	FIN

PEUR ○○○○○○○○○○

SYMPTÔMES

○○○○○

○○○○○

○○○○○

PREMIER SIGNE :

OÙ ?

QUI ?

QUOI ?

PENSÉES :

	DATE

SITUATION #1

START	FIN
PEUR	○○○○○○○○○○
SYMPTÔMES	
	○○○○○
	○○○○○
	○○○○○
PREMIER SIGNE:	
OÙ ?	
QUI ?	
QUOI ?	
PENSÉES:	

SITUATION #2

START	FIN
PEUR	○○○○○○○○○○
SYMPTÔMES	
	○○○○○
	○○○○○
	○○○○○
PREMIER SIGNE:	
OÙ ?	
QUI ?	
QUOI ?	
PENSÉES:	

SITUATION #3

START FIN

PEUR ○ ○ ○ ○ ○ ○ ○ ○ ○ ○

SYMPTÔMES
 ○ ○ ○ ○ ○
 ○ ○ ○ ○ ○
 ○ ○ ○ ○ ○

PREMIER SIGNE:

OÙ ?

QUI ?

QUOI ?

PENSÉES:

SITUATION #4

START FIN

PEUR ○ ○ ○ ○ ○ ○ ○ ○ ○ ○

SYMPTÔMES
 ○ ○ ○ ○ ○
 ○ ○ ○ ○ ○
 ○ ○ ○ ○ ○

PREMIER SIGNE:

OÙ ?

QUI ?

QUOI ?

PENSÉES:

DATE	

SITUATION #1

START	FIN
PEUR	○○○○○○○○○○
SYMPTÔMES	
	○○○○○
	○○○○○
	○○○○○
PREMIER SIGNE:	
OÙ ?	
QUI ?	
QUOI ?	
PENSÉES:	

SITUATION #2

START	FIN
PEUR	○○○○○○○○○○
SYMPTÔMES	
	○○○○○
	○○○○○
	○○○○○
PREMIER SIGNE:	
OÙ ?	
QUI ?	
QUOI ?	
PENSÉES:	

SITUATION #3

START	FIN
PEUR	○○○○○○○○○○
SYMPTÔMES	
	○○○○○
	○○○○○
	○○○○○
PREMIER SIGNE:	
OÙ ?	
QUI ?	
QUOI ?	
PENSÉES:	

SITUATION #4

START	FIN
PEUR	○○○○○○○○○○
SYMPTÔMES	
	○○○○○
	○○○○○
	○○○○○
PREMIER SIGNE:	
OÙ ?	
QUI ?	
QUOI ?	
PENSÉES:	

	DATE	

SITUATION #1

START	FIN	
PEUR		○○○○○○○○○○
SYMPTÔMES		
		○○○○○
		○○○○○
		○○○○○
PREMIER SIGNE:		
OÙ ?		
QUI ?		
QUOI ?		
PENSÉES:		

SITUATION #2

START	FIN	
PEUR		○○○○○○○○○○
SYMPTÔMES		
		○○○○○
		○○○○○
		○○○○○
PREMIER SIGNE:		
OÙ ?		
QUI ?		
QUOI ?		
PENSÉES:		

SITUATION #3

START	FIN

PEUR ○○○○○○○○○○

SYMPTÔMES

○○○○○

○○○○○

○○○○○

PREMIER SIGNE:

OÙ ?

QUI ?

QUOI ?

PENSÉES:

SITUATION #4

START	FIN

PEUR ○○○○○○○○○○

SYMPTÔMES

○○○○○

○○○○○

○○○○○

PREMIER SIGNE:

OÙ ?

QUI ?

QUOI ?

PENSÉES:

	DATE

SITUATION #1

START	FIN
PEUR	○○○○○○○○○○
SYMPTÔMES	
	○○○○○
	○○○○○
	○○○○○
PREMIER SIGNE:	
OÙ ?	
QUI ?	
QUOI ?	
PENSÉES:	

SITUATION #2

START	FIN
PEUR	○○○○○○○○○○
SYMPTÔMES	
	○○○○○
	○○○○○
	○○○○○
PREMIER SIGNE:	
OÙ ?	
QUI ?	
QUOI ?	
PENSÉES:	

SITUATION #3

START	FIN

PEUR ○○○○○○○○○○

SYMPTÔMES

○○○○○

○○○○○

○○○○○

PREMIER SIGNE:

OÙ ?

QUI ?

QUOI ?

PENSÉES:

SITUATION #4

START	FIN

PEUR ○○○○○○○○○○

SYMPTÔMES

○○○○○

○○○○○

○○○○○

PREMIER SIGNE:

OÙ ?

QUI ?

QUOI ?

PENSÉES:

DATE

SITUATION #1

START	FIN
PEUR	○○○○○○○○○○
SYMPTÔMES	
	○○○○○
	○○○○○
	○○○○○
PREMIER SIGNE:	
OÙ ?	
QUI ?	
QUOI ?	
PENSÉES:	

SITUATION #2

START	FIN
PEUR	○○○○○○○○○○
SYMPTÔMES	
	○○○○○
	○○○○○
	○○○○○
PREMIER SIGNE:	
OÙ ?	
QUI ?	
QUOI ?	
PENSÉES:	

SITUATION #3

START	FIN

PEUR ○○○○○○○○○○

SYMPTÔMES

○○○○○

○○○○○

○○○○○

PREMIER SIGNE:

OÙ ?

QUI ?

QUOI ?

PENSÉES:

SITUATION #4

START	FIN

PEUR ○○○○○○○○○○

SYMPTÔMES

○○○○○

○○○○○

○○○○○

PREMIER SIGNE:

OÙ ?

QUI ?

QUOI ?

PENSÉES:

	DATE

SITUATION #1

START	FIN
PEUR	○○○○○○○○○○
SYMPTÔMES	
	○○○○○
	○○○○○
	○○○○○
PREMIER SIGNE :	
OÙ ?	
QUI ?	
QUOI ?	
PENSÉES :	

SITUATION #2

START	FIN
PEUR	○○○○○○○○○○
SYMPTÔMES	
	○○○○○
	○○○○○
	○○○○○
PREMIER SIGNE :	
OÙ ?	
QUI ?	
QUOI ?	
PENSÉES :	

SITUATION #3

START	FIN

PEUR ○○○○○○○○○○

SYMPTÔMES

○○○○○

○○○○○

○○○○○

PREMIER SIGNE:

OÙ ?

QUI ?

QUOI ?

PENSÉES:

SITUATION #4

START	FIN

PEUR ○○○○○○○○○○

SYMPTÔMES

○○○○○

○○○○○

○○○○○

PREMIER SIGNE:

OÙ ?

QUI ?

QUOI ?

PENSÉES:

DATE

SITUATION #1

START	FIN
PEUR	○○○○○○○○○○

SYMPTÔMES

	○○○○○
	○○○○○
	○○○○○

PREMIER SIGNE:

OÙ ?

QUI ?

QUOI ?

PENSÉES:

SITUATION #2

START	FIN
PEUR	○○○○○○○○○○

SYMPTÔMES

	○○○○○
	○○○○○
	○○○○○

PREMIER SIGNE:

OÙ ?

QUI ?

QUOI ?

PENSÉES:

SITUATION #3

START	FIN
PEUR	○○○○○○○○○○
SYMPTÔMES	
	○○○○○
	○○○○○
	○○○○○

PREMIER SIGNE:

OÙ ?

QUI ?

QUOI ?

PENSÉES:

SITUATION #4

START	FIN
PEUR	○○○○○○○○○○
SYMPTÔMES	
	○○○○○
	○○○○○
	○○○○○

PREMIER SIGNE:

OÙ ?

QUI ?

QUOI ?

PENSÉES:

	DATE

SITUATION #1

START	FIN
PEUR	○○○○○○○○○○
SYMPTÔMES	
	○○○○○
	○○○○○
	○○○○○
PREMIER SIGNE:	
OÙ ?	
QUI ?	
QUOI ?	
PENSÉES:	

SITUATION #2

START	FIN
PEUR	○○○○○○○○○○
SYMPTÔMES	
	○○○○○
	○○○○○
	○○○○○
PREMIER SIGNE:	
OÙ ?	
QUI ?	
QUOI ?	
PENSÉES:	

SITUATION #3

START	FIN
PEUR	○○○○○○○○○○
SYMPTÔMES	
	○○○○○
	○○○○○
	○○○○○

PREMIER SIGNE:

OÙ ?

QUI ?

QUOI ?

PENSÉES:

SITUATION #4

START	FIN
PEUR	○○○○○○○○○○
SYMPTÔMES	
	○○○○○
	○○○○○
	○○○○○

PREMIER SIGNE:

OÙ ?

QUI ?

QUOI ?

PENSÉES:

	DATE

SITUATION #1

START	FIN
PEUR	○○○○○○○○○○
SYMPTÔMES	
	○○○○○
	○○○○○
	○○○○○
PREMIER SIGNE:	
OÙ ?	
QUI ?	
QUOI ?	
PENSÉES:	

SITUATION #2

START	FIN
PEUR	○○○○○○○○○○
SYMPTÔMES	
	○○○○○
	○○○○○
	○○○○○
PREMIER SIGNE:	
OÙ ?	
QUI ?	
QUOI ?	
PENSÉES:	

SITUATION #3

START	FIN

PEUR ○○○○○○○○○○

SYMPTÔMES

○○○○○

○○○○○

○○○○○

PREMIER SIGNE:

OÙ ?

QUI ?

QUOI ?

PENSÉES:

SITUATION #4

START	FIN

PEUR ○○○○○○○○○○

SYMPTÔMES

○○○○○

○○○○○

○○○○○

PREMIER SIGNE:

OÙ ?

QUI ?

QUOI ?

PENSÉES:

	DATE	

SITUATION #1

START		FIN	
PEUR			○○○○○○○○○○
SYMPTÔMES			
			○○○○○
			○○○○○
			○○○○○
PREMIER SIGNE:			
OÙ ?			
QUI ?			
QUOI ?			
PENSÉES:			

SITUATION #2

START		FIN	
PEUR			○○○○○○○○○○
SYMPTÔMES			
			○○○○○
			○○○○○
			○○○○○
PREMIER SIGNE:			
OÙ ?			
QUI ?			
QUOI ?			
PENSÉES:			

SITUATION #3

START	FIN
PEUR	○○○○○○○○○○
SYMPTÔMES	
	○○○○○
	○○○○○
	○○○○○
PREMIER SIGNE :	
OÙ ?	
QUI ?	
QUOI ?	
PENSÉES :	

SITUATION #4

START	FIN
PEUR	○○○○○○○○○○
SYMPTÔMES	
	○○○○○
	○○○○○
	○○○○○
PREMIER SIGNE :	
OÙ ?	
QUI ?	
QUOI ?	
PENSÉES :	

	DATE	

SITUATION #1

START	FIN
PEUR	○○○○○○○○○○
SYMPTÔMES	
	○○○○○
	○○○○○
	○○○○○
PREMIER SIGNE:	
OÙ ?	
QUI ?	
QUOI ?	
PENSÉES:	

SITUATION #2

START	FIN
PEUR	○○○○○○○○○○
SYMPTÔMES	
	○○○○○
	○○○○○
	○○○○○
PREMIER SIGNE:	
OÙ ?	
QUI ?	
QUOI ?	
PENSÉES:	

SITUATION #3

START	FIN
PEUR	○ ○ ○ ○ ○ ○ ○ ○ ○ ○

SYMPTÔMES

○ ○ ○ ○ ○

○ ○ ○ ○ ○

○ ○ ○ ○ ○

PREMIER SIGNE:

OÙ ?

QUI ?

QUOI ?

PENSÉES:

SITUATION #4

START	FIN
PEUR	○ ○ ○ ○ ○ ○ ○ ○ ○ ○

SYMPTÔMES

○ ○ ○ ○ ○

○ ○ ○ ○ ○

○ ○ ○ ○ ○

PREMIER SIGNE:

OÙ ?

QUI ?

QUOI ?

PENSÉES:

DATE

SITUATION #1

START	FIN

PEUR ○○○○○○○○○○

SYMPTÔMES

○○○○○

○○○○○

○○○○○

PREMIER SIGNE:

OÙ ?

QUI ?

QUOI ?

PENSÉES:

SITUATION #2

START	FIN

PEUR ○○○○○○○○○○

SYMPTÔMES

○○○○○

○○○○○

○○○○○

PREMIER SIGNE:

OÙ ?

QUI ?

QUOI ?

PENSÉES:

SITUATION #3

START	FIN
PEUR	○○○○○○○○○○
SYMPTÔMES	
	○○○○○
	○○○○○
	○○○○○
PREMIER SIGNE:	
OÙ ?	
QUI ?	
QUOI ?	
PENSÉES:	

SITUATION #4

START	FIN
PEUR	○○○○○○○○○○
SYMPTÔMES	
	○○○○○
	○○○○○
	○○○○○
PREMIER SIGNE:	
OÙ ?	
QUI ?	
QUOI ?	
PENSÉES:	

	DATE	

SITUATION #1

START	FIN
PEUR	○○○○○○○○○○
SYMPTÔMES	
	○○○○○
	○○○○○
	○○○○○
PREMIER SIGNE :	
OÙ ?	
QUI ?	
QUOI ?	
PENSÉES :	

SITUATION #2

START	FIN
PEUR	○○○○○○○○○○
SYMPTÔMES	
	○○○○○
	○○○○○
	○○○○○
PREMIER SIGNE :	
OÙ ?	
QUI ?	
QUOI ?	
PENSÉES :	

SITUATION #3

START	FIN

PEUR ○○○○○○○○○○

SYMPTÔMES

○○○○○

○○○○○

○○○○○

PREMIER SIGNE:

OÙ ?

QUI ?

QUOI ?

PENSÉES:

SITUATION #4

START	FIN

PEUR ○○○○○○○○○○

SYMPTÔMES

○○○○○

○○○○○

○○○○○

PREMIER SIGNE:

OÙ ?

QUI ?

QUOI ?

PENSÉES:

DATE

SITUATION #1

START	FIN

PEUR ○○○○○○○○○○

SYMPTÔMES

○○○○○

○○○○○

○○○○○

PREMIER SIGNE:

OÙ ?

QUI ?

QUOI ?

PENSÉES:

SITUATION #2

START	FIN

PEUR ○○○○○○○○○○

SYMPTÔMES

○○○○○

○○○○○

○○○○○

PREMIER SIGNE:

OÙ ?

QUI ?

QUOI ?

PENSÉES:

SITUATION #3

START	FIN
PEUR	○○○○○○○○○○
SYMPTÔMES	
	○○○○○
	○○○○○
	○○○○○
PREMIER SIGNE:	
OÙ ?	
QUI ?	
QUOI ?	
PENSÉES:	

SITUATION #4

START	FIN
PEUR	○○○○○○○○○○
SYMPTÔMES	
	○○○○○
	○○○○○
	○○○○○
PREMIER SIGNE:	
OÙ ?	
QUI ?	
QUOI ?	
PENSÉES:	

	DATE

SITUATION #1

START	FIN
PEUR	○○○○○○○○○○
SYMPTÔMES	
	○○○○○
	○○○○○
	○○○○○
PREMIER SIGNE:	
OÙ ?	
QUI ?	
QUOI ?	
PENSÉES:	

SITUATION #2

START	FIN
PEUR	○○○○○○○○○○
SYMPTÔMES	
	○○○○○
	○○○○○
	○○○○○
PREMIER SIGNE:	
OÙ ?	
QUI ?	
QUOI ?	
PENSÉES:	

SITUATION #3

START	FIN

PEUR ○○○○○○○○○○

SYMPTÔMES

○○○○○

○○○○○

○○○○○

PREMIER SIGNE:

OÙ ?

QUI ?

QUOI ?

PENSÉES:

SITUATION #4

START	FIN

PEUR ○○○○○○○○○○

SYMPTÔMES

○○○○○

○○○○○

○○○○○

PREMIER SIGNE:

OÙ ?

QUI ?

QUOI ?

PENSÉES:

DATE

SITUATION #1

START	FIN
PEUR	○○○○○○○○○○

SYMPTÔMES

○○○○○

○○○○○

○○○○○

PREMIER SIGNE:

OÙ ?

QUI ?

QUOI ?

PENSÉES:

SITUATION #2

START	FIN
PEUR	○○○○○○○○○○

SYMPTÔMES

○○○○○

○○○○○

○○○○○

PREMIER SIGNE:

OÙ ?

QUI ?

QUOI ?

PENSÉES:

SITUATION #3

START	FIN
PEUR	○○○○○○○○○○
SYMPTÔMES	
	○○○○○
	○○○○○
	○○○○○
PREMIER SIGNE:	
OÙ ?	
QUI ?	
QUOI ?	
PENSÉES:	

SITUATION #4

START	FIN
PEUR	○○○○○○○○○○
SYMPTÔMES	
	○○○○○
	○○○○○
	○○○○○
PREMIER SIGNE:	
OÙ ?	
QUI ?	
QUOI ?	
PENSÉES:	

	DATE	

SITUATION #1

START	FIN
PEUR	○○○○○○○○○○
SYMPTÔMES	
	○○○○○
	○○○○○
	○○○○○
PREMIER SIGNE:	
OÙ ?	
QUI ?	
QUOI ?	
PENSÉES:	

SITUATION #2

START	FIN
PEUR	○○○○○○○○○○
SYMPTÔMES	
	○○○○○
	○○○○○
	○○○○○
PREMIER SIGNE:	
OÙ ?	
QUI ?	
QUOI ?	
PENSÉES:	

SITUATION #3

START	FIN
PEUR	○○○○○○○○○○
SYMPTÔMES	
	○○○○○
	○○○○○
	○○○○○

PREMIER SIGNE:

OÙ ?

QUI ?

QUOI ?

PENSÉES:

SITUATION #4

START	FIN
PEUR	○○○○○○○○○○
SYMPTÔMES	
	○○○○○
	○○○○○
	○○○○○

PREMIER SIGNE:

OÙ ?

QUI ?

QUOI ?

PENSÉES:

	DATE

SITUATION #1

START	FIN
PEUR	○○○○○○○○○○
SYMPTÔMES	
	○○○○○
	○○○○○
	○○○○○
PREMIER SIGNE:	
OÙ ?	
QUI ?	
QUOI ?	
PENSÉES:	

SITUATION #2

START	FIN
PEUR	○○○○○○○○○○
SYMPTÔMES	
	○○○○○
	○○○○○
	○○○○○
PREMIER SIGNE:	
OÙ ?	
QUI ?	
QUOI ?	
PENSÉES:	

SITUATION #3

START	FIN
PEUR	○○○○○○○○○○
SYMPTÔMES	
	○○○○○
	○○○○○
	○○○○○
PREMIER SIGNE:	
OÙ ?	
QUI ?	
QUOI ?	
PENSÉES:	

SITUATION #4

START	FIN
PEUR	○○○○○○○○○○
SYMPTÔMES	
	○○○○○
	○○○○○
	○○○○○
PREMIER SIGNE:	
OÙ ?	
QUI ?	
QUOI ?	
PENSÉES:	

	DATE	

SITUATION #1

START	FIN
PEUR	○○○○○○○○○○
SYMPTÔMES	
	○○○○○
	○○○○○
	○○○○○
PREMIER SIGNE:	
OÙ ?	
QUI ?	
QUOI ?	
PENSÉES:	

SITUATION #2

START	FIN
PEUR	○○○○○○○○○○
SYMPTÔMES	
	○○○○○
	○○○○○
	○○○○○
PREMIER SIGNE:	
OÙ ?	
QUI ?	
QUOI ?	
PENSÉES:	

SITUATION #3

START .... FIN ....
PEUR .... ○○○○○○○○○○
SYMPTÔMES
.... ○○○○○
.... ○○○○○
.... ○○○○○
PREMIER SIGNE:
OÙ ?
QUI ?
QUOI ?
PENSÉES:

SITUATION #4

START .... FIN ....
PEUR .... ○○○○○○○○○○
SYMPTÔMES
.... ○○○○○
.... ○○○○○
.... ○○○○○
PREMIER SIGNE:
OÙ ?
QUI ?
QUOI ?
PENSÉES:

DATE

SITUATION #1

START	FIN

PEUR ○○○○○○○○○○

SYMPTÔMES

○○○○○

○○○○○

○○○○○

PREMIER SIGNE:

OÙ ?

QUI ?

QUOI ?

PENSÉES:

SITUATION #2

START	FIN

PEUR ○○○○○○○○○○

SYMPTÔMES

○○○○○

○○○○○

○○○○○

PREMIER SIGNE:

OÙ ?

QUI ?

QUOI ?

PENSÉES:

SITUATION #3

START	FIN

PEUR ○○○○○○○○○○

SYMPTÔMES

○○○○○

○○○○○

○○○○○

PREMIER SIGNE :

OÙ ?

QUI ?

QUOI ?

PENSÉES :

SITUATION #4

START	FIN

PEUR ○○○○○○○○○○

SYMPTÔMES

○○○○○

○○○○○

○○○○○

PREMIER SIGNE :

OÙ ?

QUI ?

QUOI ?

PENSÉES :

	DATE	

SITUATION #1

START	FIN
PEUR	○○○○○○○○○○
SYMPTÔMES	
	○○○○○
	○○○○○
	○○○○○
PREMIER SIGNE:	
OÙ ?	
QUI ?	
QUOI ?	
PENSÉES:	

SITUATION #2

START	FIN
PEUR	○○○○○○○○○○
SYMPTÔMES	
	○○○○○
	○○○○○
	○○○○○
PREMIER SIGNE:	
OÙ ?	
QUI ?	
QUOI ?	
PENSÉES:	

SITUATION #3

START	FIN

PEUR ○○○○○○○○○○

SYMPTÔMES

○○○○○

○○○○○

○○○○○

PREMIER SIGNE:

OÙ ?

QUI ?

QUOI ?

PENSÉES:

SITUATION #4

START	FIN

PEUR ○○○○○○○○○○

SYMPTÔMES

○○○○○

○○○○○

○○○○○

PREMIER SIGNE:

OÙ ?

QUI ?

QUOI ?

PENSÉES:

DATE

SITUATION #1

START	FIN

PEUR ○○○○○○○○○○

SYMPTÔMES

○○○○○

○○○○○

○○○○○

PREMIER SIGNE :

OÙ ?

QUI ?

QUOI ?

PENSÉES :

SITUATION #2

START	FIN

PEUR ○○○○○○○○○○

SYMPTÔMES

○○○○○

○○○○○

○○○○○

PREMIER SIGNE :

OÙ ?

QUI ?

QUOI ?

PENSÉES :

SITUATION #3

START	FIN
PEUR	○○○○○○○○○○
SYMPTÔMES	
	○○○○○
	○○○○○
	○○○○○
PREMIER SIGNE:	
OÙ ?	
QUI ?	
QUOI ?	
PENSÉES:	

SITUATION #4

START	FIN
PEUR	○○○○○○○○○○
SYMPTÔMES	
	○○○○○
	○○○○○
	○○○○○
PREMIER SIGNE:	
OÙ ?	
QUI ?	
QUOI ?	
PENSÉES:	

DATE	

SITUATION #1

START	FIN
PEUR	○○○○○○○○○○
SYMPTÔMES	
	○○○○○
	○○○○○
	○○○○○
PREMIER SIGNE:	
OÙ ?	
QUI ?	
QUOI ?	
PENSÉES:	

SITUATION #2

START	FIN
PEUR	○○○○○○○○○○
SYMPTÔMES	
	○○○○○
	○○○○○
	○○○○○
PREMIER SIGNE:	
OÙ ?	
QUI ?	
QUOI ?	
PENSÉES:	

SITUATION #3

START	FIN

PEUR ○○○○○○○○○○

SYMPTÔMES

○○○○○

○○○○○

○○○○○

PREMIER SIGNE:

OÙ ?

QUI ?

QUOI ?

PENSÉES:

SITUATION #4

START	FIN

PEUR ○○○○○○○○○○

SYMPTÔMES

○○○○○

○○○○○

○○○○○

PREMIER SIGNE:

OÙ ?

QUI ?

QUOI ?

PENSÉES:

DATE

SITUATION #1

START	FIN
PEUR	○○○○○○○○○○
SYMPTÔMES	
	○○○○○
	○○○○○
	○○○○○

PREMIER SIGNE:

OÙ ?

QUI ?

QUOI ?

PENSÉES:

SITUATION #2

START	FIN
PEUR	○○○○○○○○○○
SYMPTÔMES	
	○○○○○
	○○○○○
	○○○○○

PREMIER SIGNE:

OÙ ?

QUI ?

QUOI ?

PENSÉES:

SITUATION #3

START	FIN
PEUR	○○○○○○○○○○
SYMPTÔMES	
	○○○○○
	○○○○○
	○○○○○
PREMIER SIGNE :	
OÙ ?	
QUI ?	
QUOI ?	
PENSÉES :	

SITUATION #4

START	FIN
PEUR	○○○○○○○○○○
SYMPTÔMES	
	○○○○○
	○○○○○
	○○○○○
PREMIER SIGNE :	
OÙ ?	
QUI ?	
QUOI ?	
PENSÉES :	

	DATE	

SITUATION #1

START	FIN
PEUR	○○○○○○○○○○
SYMPTÔMES	
	○○○○○
	○○○○○
	○○○○○
PREMIER SIGNE:	
OÙ ?	
QUI ?	
QUOI ?	
PENSÉES:	

SITUATION #2

START	FIN
PEUR	○○○○○○○○○○
SYMPTÔMES	
	○○○○○
	○○○○○
	○○○○○
PREMIER SIGNE:	
OÙ ?	
QUI ?	
QUOI ?	
PENSÉES:	

SITUATION #3

START	FIN

PEUR　　　　　　　　　　　　　　　　○○○○○○○○○○

SYMPTÔMES

　　　　　　　　　　　　　　　　　　　○○○○○

　　　　　　　　　　　　　　　　　　　○○○○○

　　　　　　　　　　　　　　　　　　　○○○○○

PREMIER SIGNE:

OÙ ?

QUI ?

QUOI ?

PENSÉES:

SITUATION #4

START	FIN

PEUR　　　　　　　　　　　　　　　　○○○○○○○○○○

SYMPTÔMES

　　　　　　　　　　　　　　　　　　　○○○○○

　　　　　　　　　　　　　　　　　　　○○○○○

　　　　　　　　　　　　　　　　　　　○○○○○

PREMIER SIGNE:

OÙ ?

QUI ?

QUOI ?

PENSÉES:

DATE

SITUATION #1

START	FIN
PEUR	○○○○○○○○○○
SYMPTÔMES	
	○○○○○
	○○○○○
	○○○○○
PREMIER SIGNE:	
OÙ ?	
QUI ?	
QUOI ?	
PENSÉES:	

SITUATION #2

START	FIN
PEUR	○○○○○○○○○○
SYMPTÔMES	
	○○○○○
	○○○○○
	○○○○○
PREMIER SIGNE:	
OÙ ?	
QUI ?	
QUOI ?	
PENSÉES:	

SITUATION #3

START	FIN
PEUR	○○○○○○○○○○
SYMPTÔMES	
	○○○○○
	○○○○○
	○○○○○
PREMIER SIGNE:	
OÙ ?	
QUI ?	
QUOI ?	
PENSÉES:	

SITUATION #4

START	FIN
PEUR	○○○○○○○○○○
SYMPTÔMES	
	○○○○○
	○○○○○
	○○○○○
PREMIER SIGNE:	
OÙ ?	
QUI ?	
QUOI ?	
PENSÉES:	

DATE	

SITUATION #1

START	FIN
PEUR	○○○○○○○○○○
SYMPTÔMES	
	○○○○○
	○○○○○
	○○○○○
PREMIER SIGNE:	
OÙ ?	
QUI ?	
QUOI ?	
PENSÉES:	

SITUATION #2

START	FIN
PEUR	○○○○○○○○○○
SYMPTÔMES	
	○○○○○
	○○○○○
	○○○○○
PREMIER SIGNE:	
OÙ ?	
QUI ?	
QUOI ?	
PENSÉES:	

SITUATION #3

START	FIN

PEUR ○ ○ ○ ○ ○ ○ ○ ○ ○ ○

SYMPTÔMES

○ ○ ○ ○ ○

○ ○ ○ ○ ○

○ ○ ○ ○ ○

PREMIER SIGNE:

OÙ ?

QUI ?

QUOI ?

PENSÉES:

SITUATION #4

START	FIN

PEUR ○ ○ ○ ○ ○ ○ ○ ○ ○ ○

SYMPTÔMES

○ ○ ○ ○ ○

○ ○ ○ ○ ○

○ ○ ○ ○ ○

PREMIER SIGNE:

OÙ ?

QUI ?

QUOI ?

PENSÉES:

	DATE

SITUATION #1

START	FIN
PEUR	○○○○○○○○○○
SYMPTÔMES	
	○○○○○
	○○○○○
	○○○○○
PREMIER SIGNE:	
OÙ ?	
QUI ?	
QUOI ?	
PENSÉES:	

SITUATION #2

START	FIN
PEUR	○○○○○○○○○○
SYMPTÔMES	
	○○○○○
	○○○○○
	○○○○○
PREMIER SIGNE:	
OÙ ?	
QUI ?	
QUOI ?	
PENSÉES:	

SITUATION #3

START	FIN
PEUR	○○○○○○○○○○
SYMPTÔMES	
	○○○○○
	○○○○○
	○○○○○
PREMIER SIGNE:	
OÙ ?	
QUI ?	
QUOI ?	
PENSÉES:	

SITUATION #4

START	FIN
PEUR	○○○○○○○○○○
SYMPTÔMES	
	○○○○○
	○○○○○
	○○○○○
PREMIER SIGNE:	
OÙ ?	
QUI ?	
QUOI ?	
PENSÉES:	

	DATE

SITUATION #1

START	FIN
PEUR	○○○○○○○○○○
SYMPTÔMES	
	○○○○○
	○○○○○
	○○○○○
PREMIER SIGNE:	
OÙ ?	
QUI ?	
QUOI ?	
PENSÉES:	

SITUATION #2

START	FIN
PEUR	○○○○○○○○○○
SYMPTÔMES	
	○○○○○
	○○○○○
	○○○○○
PREMIER SIGNE:	
OÙ ?	
QUI ?	
QUOI ?	
PENSÉES:	

SITUATION #3

START	FIN
PEUR	○○○○○○○○○○
SYMPTÔMES	
	○○○○○
	○○○○○
	○○○○○

PREMIER SIGNE:

OÙ ?

QUI ?

QUOI ?

PENSÉES:

SITUATION #4

START	FIN
PEUR	○○○○○○○○○○
SYMPTÔMES	
	○○○○○
	○○○○○
	○○○○○

PREMIER SIGNE:

OÙ ?

QUI ?

QUOI ?

PENSÉES:

Plus de journaux intimes sur la santé mentale

```
IMPRESSUM:
GERDA WAGNER
ELSÄSSER STR. 19
22049 HAMBURG
GERMANY
```

Printed in France by Amazon
Brétigny-sur-Orge, FR